kavita nidhi

मीनल सिद्धार्थ

First Published in August 2021

ISBN: 978-93-5472-371-1

BLUEROSE PUBLISHERS
www.bluerosepublishers.com
info@bluerosepublishers.com
+91 8882 898 898

Cover Design:
Palak

Typographic Design:
Namrata Saini

Distributed by: BlueRose, Amazon, Flipkart, Shopclues

भूमिका

अनेक प्रकार के भावों से सुसज्जित मेरी यह *कविता निधि* मेरे अंदर का उद्गार है जिसे मैंने कविताओं का सूक्ष्म रूप देकर उन्हें शब्दों और छंदों में पिरोया है। अनुभव के इस पोटली को पाठकों के समक्ष प्रस्तुत करते हुए मुझे अपार हर्ष महसूस हो रहा है। इन कविताओं के माध्यम से मैंने अपने खट्टे मीठे और कुछ कटु अनुभव को अपने लेखनी में साकार रूप देने की कोशिश की है। अपनी इस पहली संस्करण को मैं अपने स्वर्गीय पति को समर्पित करती हूं और आशा करती हूं मेरी कविताओं की इस निधि को आप पसंद करेंगे। कोई त्रुटि रह गई हो तो क्षमा करें।

मीनल सिद्धार्थ

कि कुछ झुलसे हुए फ़साने आज बारिश में भीग

फिर से लहलहा उठे

अनुक्रमणिक

अपनों में वह अकेला

अपनों के बीच वह अकेला खड़ा है जैसे अनगिनत तारों के बीच
चमकता अकेला ध्रुव तारा

विशेषता उसकी कोई खास नहीं बस औरों की तरह उसने कोई
मुखौटा नहीं ओड़ा है

वह पुराना पुल सा है दो पाटों को जोड़ता

सुबह से शाम लोग उसका इस्तेमाल करते है और किसी गुजरे वक्त
की तरह उसकी उपेक्षा बार-बार करते हैं

उसने अपनी ख्वाहिशों का गला किस्तों में घोटा

मौन रहकर अपनों के आयाम का रास्ता खोला

वह उस आईने सा है निर्भीकता से सबको अपना अक्स दिखलाता

लोग उसके सामने खड़े हो अपनी छवि की खूबसूरती निखारते हैं पर
जब वह टूटे तो उसके चुभन से कतराते हैं

रिश्तो की मर्यादा निस्वार्थ उसने सदा ही निभाया

पर मतलब परस्ती की आड़ में लोगों ने उसे हमेशा पीड़ा ही पहुंचाया

माना छोटी उसकी कश्ती पर समंदर की ऊंची लहरें अभी भारी है

पर तूफानों को चीर उसने सदा ही अपनी राह बनाई है

पर तूफानों को चीर उसने सदा ही अपनी राह बनाई है।

खाली पत्रे

चलो कुछ पुराने नग़मे हम गुनगुनाते हैं

तन्हाइयों में खुद को समेट उन पुराने गलियों में घूम कर आते हैं

चलो कुछ पुराने नग़मे हम गुनगुनाते हैं

टिमटिमाते दिए में नजर आते धुंधले हम साए

गालों पर पड़ते सफेद झुर्रियों को भुला के आईने के सामने खड़े हो
फिर से एक बार मुस्कुराते हैं चलो कुछ पुराने नग़मे हम गुनगुनाते हैं

सुना है आज भी कुछ एक पहिचानी सी सूरत सूखे दरीचे से झांकती
है

झोंका पुरवाई की खामोशियों की खाक छानती है सोंधी सोंधी मिट्टी
की महक से उन्हीं पुरानी यादों को फिर से महकाते हैं

चलो कुछ पुराने नग़मे गुनगुनाते हैं

बुझे आग से निकल रही आज भी चमकती चिंगारियां

पलकों पर ठहर बूंदों से उड़ती चिंगारियों को आओ चलो बुझा आते
हैं

चलो कुछ पुराने नग़मे हम गुनगुनाते हैं ।

सोचा ना था

सोचा ना था आतंकवाद के साए में भारत नस्लवाद के टुकड़ों में बंट जाएगा

जब लोकतंत्र की आड़ में मानवता सरेआम कुचला जाएगा

84 लख योनि पारकर जब सूक्ष्म आत्मा नूतन तन में समा एगा

सोचा ना था नारी का कर तन चीर हरण तब भी नर मर्यादा पुरुषोत्तम कहलाएगा

सोचा ना था महंगाई की मार चाबुक बन बेरहमी कोड़े बरसाएगा

सौ करोड़ की क्षुधा मिटा खुद रैयत सूली पर टांग जाएगा

गुरु ब्रह्मा गुरु विष्णु गुरु खोले चक्षु ज्ञान

सोचा ना था कुछ वृहद गरिमा के वेष में गुरु घंटाल भी गुरु परमेश की पद्वी पा जाएगा

सोचा ना था आडंबर के छलावे में युवा स्वयं छला जाएगा

बुद्धि विवेक कर नाश मूढ़ बन इतिहास के गर्त में समा जाएगा

सोचा ना था सोचा ना था।

शब्द चीखते रहे भावनाओं ने दम तोड़ दिया शमा जलती रही देखो कैसे सारा मोम पिघल गया

आदमी

आदमी की जा़त ने क्या गुल खिलाया है किरदार अपना छोड़
उसने नकाब चेहरे पर लगाया है

चादर से हुए लंबे पांव, पांव फिर भी पसारा है वाकिफ इस बात से
वाबस्ता ज़र्रे को खाक में मिल जाना है

आदमी की जा़त ने क्या गुल खिलाया है किरदार अपना छोड़
उसने नकाब चेहरे पर लगाया है

है रात का पहरा अभी और नीयत में राज़ गहरा है खिला है चांद
राहों में पर सुना है बशर ये रात मैला है

आदमी की जा़त ने क्या गुल खिलाया है किरदार अपना छोड़
उसने नकाब चेहरे पर लगाया है

टुकड़ों की चमक में खो, बटे रिश्ते टुकड़ों में , मुस्तकबिल की
चाह ने उसे अपने मांजी़ का कातिल बनाया है

आदमी की जा़त ने क्या गुल खिलाया है किरदार अपना छोड़
उसने नकाब चेहरे पर लगाया है ।।

मैं ईश्वर हूं

प्रबोध में छुपा सुबोध मै काल निर्विरोध हूं
मैं हूं फलक धरा भी मैं, मैं भाव वो विभोर
हूं निराकार में छुपा आकार
मैं स्वतत्व का वो बोध हूं
अचिंत्य मैं, मैं हूं अनंत
मैं वेग वो प्रचंड हूं
वेदना का मौन मैं
संवेदना का शोर हूं
मैं रक्त हूं विरक्त मैं
संपूर्ण प्रकृत्य शेष हूं
पतझड का षड्यंत्र मैं
अमलतास का नेह हूं
मैं रात हूं सुप्रभात मैं
तुम्हारे हीं अभिव्यक्ति का अनुबंध हूं
तुम्हारे हीं अभिव्यक्ति का अनुबंध हूं ।

खामोशी

खामोश हो गई मेरी आवाज़

रौनक भरे इस भीड़ में

छिन गया मेरा सम्मान

आत्मा तक हो गई नीलाम

दरिन्दगी का नंगा नाच

कर गया क्षत विक्षत हर अंग अंग

भेद कर रख दिया मेरा अंतरमन

हो गया लज्जा मेरा तार-तार

असहनीय दर्द पाकर चीख उठी थी मैं

तब भी ना थमी थी नर पिशाचों की अट्टास

गली मोहल्ले में जल उठी

फिर से शमा इक बार

फिर से एक मासूम की विदाई हुई

सफेद खद्दर में लिपटी ताबूत के साथ

निर् भया कह लो मुझे या दामिनी

मेरे भी कुछ अरमान थे

पर मिली तो मुझे मौत मिली

अरमान मेरे भी थे बनू मैं दुल्हन

पर मिली तो मुझे बस फूलों से सजी अर्थी बेरंग

क्या यही औकात थी मेरी

जो लोलुप ददरिन्द गी की भेट चढी

क्यों ना पिघला मन उन दरिन्दो का

क्यो ना रुका उनका वहशीपन

रौंदते रहे जो निर्विकार पडा मेरा तन मन

देनी है मुझे श्रद्धा न्जली

तो अपने मन में भरे विकारों का दो

हर औरत में इक निर्भर या छुपी है

जिसमे चाहत अपना जीवन जीने की है

समझो ना उसे बस भोग की व्यथा

छिपी हुई है उसके अंदर भी

एक पूर्ण नारी की निश्छल शर्मो हया

खामोशी की सुने तो शब्द रूठ जाते हैं और शब्दों की क्या कहें
इन्हें तो आजकल बस मक्कारी ही भाते हैं

मैं और तू

मैं उछलती नदिया सी तुम निर्जीव मौन किनारा
सूखे कपोलों पर गिरते जैसे अश्रु मोती धारा
कड़कडा़ते पतझड़ के सूखे पत्तों पर
गिरते सावन के शबनमी बून्दें जैसे
आलिंगनबद्ध कर मन के रेशमी धागे
मैं उछलती नदिया सी तुम निर्जीव मौन किनारा
जिस्म को छू रुह को बहलाते
उम्मीद से भरे मन के खोए उन्माद को लौटाते
प्यार से सहलाते हृदय से रिसते गहरे छाले
मैं उछलती नदिया सी तुम निर्जीव मौन किनारा
सुबह के अजान हो तुम रातों के गुनगुनाते ख्वाब
बेल के शाखों पर लिपटे जैसे हरित पत्तों के डाल
तुम यादों में तुम ही संवादों में
खामोशी में तुम तुम ही अल्फाज़ों में
एकाकी स़शटी में समाती भोग में संलिप्त त्रिप्त आत्माऐं
खो जाए ऐसे भूले सारा ज़माना
मैं उछलती नदिया सी तुम निर्जीव मौन किनारा

दिल्ली शहर

तिमिर गगन की शान तू

धरा का हर हरसिंगार तू

इस क्षत-विक्षत समाज का विलापता सुहाग तू

वासना के ताप में पिघल रहा वो मोम तू

इतिहास के मजार पर बिलख रहा वो शोर तू

है घात तू आघात तू

गालिब के शेर में छुपा उजड़े चमन का तार तू चित्तकार है तू भोर का

सिसक पड़ा इंसानियत है निर्भया का आह तू

धुंध में समा रहा इमारतों का जाल है

तू आधुनिक विकास का विभत्स वो आयाम है बिखर गया फ़ना हुआ

है आस्था के नाम पर

घुटन के साए में दबा निढाल तू बेहाल है

जो मकबरों को ताकता खड़ा है वो मीनार तू चौकड़ी के खेल में

है द्रौपदी का दांव तू

अल्तमश की चाह तू

अकबर का तख्तो ताज है

सत्ता के मोह में बंधा

शहर तू बेमिसाल है

शहर तू बेमिसाल है।।

आंखें

प्रत्यंचा पर चढ़ी धनुष सी किसी कविता की पंक्तियों में लयबद्ध हो
मन में चल रहे द्वंध से लिपटती प्रकाश से भरे स्वप्न में मानो लिप्त हो

सोचो तो ऋतुएं सी दिखती है तेरी आंखें ग्रीष्म की तपिश की लालिमा
है जिनमें अश्रु धारा बहे तो बरस जाती हैं पल में

विरह की आग में पतझड़ सी लगे चंचल मन की व्याकुलता दर्शाती
है छण में

अलसाई सी ठिठुरती ठंड में रज़ाई में लिपटी जमती सी अधखुलि बंद
जुबां की राज़ खोलती सी लगे

कभी लगे रक्त पुष्प सी भभक्ति कभी शीतल नीर की प्रवाह

झुके शर्म से तो हया बन जाए झुक कर उठे तो ख़ता बन जाए

ढूंढो तो नज़र आए नारीत्व का गुरूर इनमें खुद के अस्तित्व पर उठे
सवालों से जूझते

पूजो तो इनमें मां की ममता और लूटो तो एक औरत का दर्द नज़र
आए

दुनिया चाहे इन्हें जितना भी रुलाए यह ग़र बंद हो जाए तो अपनों के
लिए जीते जी इक सज़ा बन जाए

इक सज़ा बन जाए।।

ये शब्दों का सैलाब ही तो था जिसमें मेरा शहर पुराना बह गया
ढह गया अवशेष मौन का एहसास वीराना पड़ गया

मेरे हिस्से की खुशियां

मैं अपने हिस्से की खुशियां कहीं और ढूंढने क्यों जाऊं सफर लंबा है तो मंजिल पर पहुंचने से पहले मैं क्यों लड़खड़ाऊं मैं अपने हिस्से की खुशियां कहीं और ढूंढने क्यों जाऊं

दूर गगन में टिमटिमाता मैं एक छोटा सा बौना सितारा फिर चंदा बन किसी और के बादल में छुप कर मैं क्यों इतराऊं मैं अपने हिस्से की खुशियां कहीं और ढूंढने क्यों जाऊं

थिरकते मेरे पांव में पड़े जंजीरे हैं संस्कारों की भेंट चढ़े मेरे सारे सपने हैं खुली हवा में किसी और के धुन पर मैं अपनी धुनी क्यों रमाऊं मैं अपने हिस्से की खुशियां कहीं और ढूंढने क्यों जाऊं

भीड़ के कोलाहल में माना मेरे आवाज़ दबे, उधार में पाए चंद लफ़्ज़ों को मैं अपनी खामोशियों की दास्तां क्यों सुनाऊं मैं अपने हिस्से की खुशियां कहीं और ढूंढने क्यों जाऊं

निज स्वार्थ से है जो भरे हुए निज कुंठा में घिरे हुए चलती फिरती उन लाशों पर मैं अपने आंसू क्यों बहाऊं मैं अपने हिस्से की खुशियां कहीं और ढूंढने क्यों जाऊं

बड़प्पन जिनका मान नहीं है क्षमा का जिनको ज्ञान नहीं कुछ ऐसे चरित्र इस जीवन के मैं अपनी पटकथा में क्यों समाऊं मैं अपने हिस्से की खुशियां कहीं और ढूंढने क्यों जाऊं मैं अपने हिस्से की खुशियां कहीं और ढूंढने क्यों जाऊं।।

वह अकेला तारा

दूर क्षितिज में अकेला तारा टीमटीमाता है शायद झुंड में खुद को वह अकेला पाता है

बीत गया वासर वैरागी पुनः छाये कालिमा स्याही रूई के फाये से गिरते ओस में मद्धिम मद्धिम झिलमिलाता है शायद झुंड में खुद को वह अकेला पाता है

असीमित नभ के सार पटल पर छाये कितने अविरल अंजुम ,सानिन्ध्य में अपने मौन भाव से देख उन्हें मंद-मंद मुस्कुराता है शायद झुंड में खुद को वह अकेला पाता है

स्वाभिमान के रस में डूबे अविचल फैले सुप्त धरा को स्व आभा से पल-पल नहलाता है पर शायद झुंड में खुद को वह अकेला पाता है

शायद झुंड में खुद को वह अकेला पाता है।।

तुम बड़े हो

तुम बड़े हो हां तुम बड़े हो फिर क्यों मुझे बौने नज़र आते हो?
संभावनाओं की खोज में हर रोज इधर-उधर भटकते हो

बेचकर ज़मीर अपना जिंदा होने का फिर भी दम भरते हो ?

आत्मा तो कब का मार दिया जिस दिन टुकड़े भर जमीन के लिए तुमने
अपने ही छोटे भाइयों पर बंदूक तान दिया

बड़प्पन की बात करते हो और अपने ही दुर्गुणों से मुंह मोड़ते हो तुम
बड़े हो हां तुम बड़े हो फिर क्यों अहंकार में चूर मुझे नजर आते हो

मद में अपने चूर दूसरों को हर पल नीचा दिखाते हो बुनियाद शायद
कच्ची रह गई जो बहते पानी में मिट्टी की भांति घुल गई

संस्कार कोरा रह गया जो मां बाप की दी सीख पतझड़ के सूखे पत्तों
सी बिखर गई

व्यवहार तेरा निम्न था स्वभाव बेचारा क्या करता पुरुषार्थ का अभाव था
इंसान छोटा क्या करता फिर क्या तुम सच में बड़े हो???

लहजे में लिहाज सलीका बेहिसाब रखते हैं बन आय जब आन पर
तीर का काम हम अपने तीखे जुबां से करते हैं

एक बहू के कलम से

मां तो बस मां होती है फिर क्यों मेरी मां मां और तेरी मां मेरी सास होती है?

क्या मां की परिभाषा बदल गई या फिर मेरी नियत में ही कुछ खोट पड़ गई?

बदलती तस्वीर की रूपरेखा ही कुछ ऐसी है मेरी मां मुझको मेरे द्वार की तुलसी और तेरी मां मुझे बाहर खड़ी सर्पगंधा सी लगती है

मेरी मां मुझको सावन पुरवाई तेरी मां क्यों मुझे पतझड़ मुरझाई सी लगती है?

तेरा मेरी मां को सम्मान देना मुझे सच मानो कितना भाता है

पर तेरा तेरी मां के साथ दो पल गुजारना भी मुझे फूटी आंख ना सुहाता है

नारी तेरे रूप अनेक यह कहावत तो मैंने भी कक्षा चार में ही पढ़ी है

पर पुरानी बातों को दिल से लगाना भला मुझे क्या पड़ी है?

खुश है मेरी मां मेरे भाई के साथ

इस कल्पना मात्र से ही मेरी आंख भर आती है

पर एक बात बताऊं तेरी मां अपने इस बेटे के साथ रहती है यह सोच कर मेरी आंखों से नींद भी कोसों दूर भाग जाती है।।

कोसों दूर भाग जाती है।।

हालात

हालात के मजबूरियों को कुछ यूं भुला देना कभी खुद से समझौता
कर कभी किस्मत को चार बातें सुना देना

है माना तुम इंसान हो भगवान नहीं बस अपने अंदर छुपे उस शैतान
को मत जगा देना

सब फैसले तुम्हारे हैं यकी है मुझको पर कुछ फैसले लेने का
इख्तियार मुझे भी है इसका यकीन दिला देना

हालात के मजबूरियों को कुछ यूं भुला देना कभी खुद से समझौता
कर कभी किस्मत को चार बातें सुना देना

हो तुम जिम्मेदारियों के बोझ पर सवार फलक पर छाए हैं जैसे
टिमटिमाते तारे हजार

दो पल के लिए ही सही मुस्कुराते सितारों के साथ अपने कुछ अधूरे
ख्वाब सजा लेना

हालात के मजबूरियों को कुछ यूं भुला देना कभी खुद से समझौता
कर कभी किस्मत को चार बातें सुना देना

सुना है बेहद खूबसूरत है चारदीवारी में जकड़े मकान तुम्हारे
मुमकिन हो तो उसे घर बना लेना

रिश्तो की भीड़ में अकेले पड़ जाओ ग़र तुम कभी एक आवाज देकर
मुझे अपने पास बुला लेना

हालात के मजबूरियों को कुछ यूं भुला देना कभी खुद से समझौता
कर कभी किस्मत को चार बातें सुना देना

कभी खुद से समझौता कर कभी किस्मत को चार बातें सुना देना ।।

ज़िम्मेदारी

जिम्मेदारियों के बोझ तले
स्व अस्तित्व के तलाश में
कुम्हलाया सा अंतर्मन मेरा
चलता रहा अविरल भाव से
खामोश चीखते तंग गलियों में
जूझ रहें खुद के वजूद से
कर में बन्द मुट्ठी भर आशा
बढ़ते रहें विराम चाल से
छूट गये पहचाने कितने
टूट गये अफसाने कितने
वीराना पड़ गया उन्माद भरा मन
सूख गया हरियाला यौवन
करें क्या शिकवा गिला किसीसे
होड़ नही अब और किसीसे
माँ बन हुआ जीवंत दोबारा
दबा कुचला टूटा मन हारा
उड़ने को बेताब हुआ दिल
भीगा फिर इक माँ का आँचल
लड़खड़ाते सिसकते दो बोल वो फूटे
दूर नहीं मंजिल अब मेरी
बेटी के रूप में लक्ष्य जो खोएं
क्या पता पा जाऊँ मैं एक "माँ " बनके
क्या पता पा जाऊँ मैं एक "माँ " बनके

लहरों की ख़िलाफ़त तो उन हवाओं से थी जिसने कश्ती का
रुख मोड़ कर उसे बगावती करार दे दिया

ज़िंदगी

वक्त गुजरता गया
हिज्र ओर विसाल ए यार की तरह
कारवां सिमटता गया
जमी पर गिरते खिले गुलाब की तरह
चंद फुरकत के पलों को समेटे
बेनजीर ख्वाबों पर दस्तक देते
मुक्कम्मल मंजिलों की तलाश में
जाने कब रूबरू हुए
हकीकत के डरावने अन्दाज से
माजी के अहसास में डूबे
मुस्तक्बिल की ओर बढे
बीते हुए जमाने से हम कब रिहा हुए
रूह को टटोला तो पाया यही
वक्त के रिस्ते नासूर से
यहां सभी लहूलुहान हुए
शहंशाह हो या रस्ते का भिखारी
ये वक्त किसका वफादार हुआ
जख्म खाए सितम से
यहां तो सभी फना हुआ

आरजू तो थी सुकूने बहार की
मिले तो मिले बस लपकते हालात मिले
लम्हा लम्हा ये वक्त भी गुजर जाएगा
अपनों के साथ जियो तो
जश्न बहारा बन जाएगा
जश्न बहारा बन जाएगा

खुद से मुलाकात

आज खुद से खुद की मुलाकात हो गई
चिलचिलाती गर्मी में जमकर बरसात हो गई
झिलमिलाते सितारों में टिमटिमाती सी थी
देखो कैसी चमकती आफताब हो गई
भागती रही परछाइयों के पीछे
थपेड़े खाती जिन्दगी की
मुस्कुरा उठी कर बंद मुट्ठी में
खिलखिलाते चेहरे अपनो की
गिरते शबनम के बूंदों जैसी
मुरझाए फूलों की डाल
नाच उठी सतरंगी रंग में
बनकर मोरनी सी आज
बहती कभी जो शीतल पवन सी
मचली ज्वार भाटा सी आज
सहमी सहमी खुद को पाया
घूरती शैतानी नजरों से
चहक उठी मै आज छणो में
मिलकर आज की इस मीनल से
मिलकर आज की इस मीनल से

भीड़ में अकेला इंसान

भीड़ मे घूमता अकेला यहां हर इंसान है

महफिल मे तन्हा फिर क्यों मुस्कुराता यहां हर इंसान है

परायों मे ढूंढ रहा अपनों को खोता जा रहा यहां हर इंसान है

अरमानों का गला घोंट सपनों मे जी रहा यहां हर इंसान है

कतरे हुए पंख लिए उडने को तैयार बैठा यहां हर इंसान है

खुशियों को ढूंढ रहा मरघट मे दुखी यहां हर इंसान है

रिश्तों को दफनाकर मुर्दा बन जिन्दा फिर रहा यहां हर इंसान है

होठों पे फरियाद दिलों मे लिय मलाल हूकता यहां हर इंसान है

रूह तो कब की मर चुकी सबकी

खुद की अर्थी लिए कन्धों पर अपने

चल रहा यंत्र वत यहां हर इंसान है

चल रहा यंत्र वत यहां हर इंसान है।।

तुम बिगड़ैल उन यादों सी मैं चाबुक बेजुबां

मानवता का सार

मानवता ही जीवन का सार है
बाजार में बिक रहा कौड़ियों के दाम है
कागज के चंद टुकडों के खातिर

बिक जाने को हर इन्सान बेकरार है
मशीनी बना मानव कर रहा हाहाकार है
अच्छाई पर हावी बुराई बेशुमार है
नफरत पनप रही लोग बने हैवान हैं
शर्म में लिपटी इज्जत हो रही तार तार है
इन्सान इन्सान ना रहा
रह गया तो बस हिन्दू या मुसलमान है
कहलाता था देश जो मेरा सोने की चिरैया
आज वो अपनो के ही मार से लहुलुहान है
इतिहास के पन्नों पर अपने परचम लहराता
प्रचंड आवेग से भरा वो मानव आज रूह विहीन मात्र है
रूह विहीन मात्र है।

मन के बंदी

आज़ादी मिले एक सदी गुजर गए
पर मन के बंदी हम आज भी है
कहने को तो सारा जहान् अपना है
पर खुद मे अकेला हर इंसान आज भी है
रिश्ते नातो से बंधे गहरे बंधन है
पर मन के गाठ जो खोल दे
कर रहे ऐसे शक्स का इंतजार आज भी हम
सजे संवरे तन के भीतर
कलपती आत्मा रोती है
कटू सत्य को भेदती चक्र व्यूही मे घिरी है
आँखो से ओझल होती कोरी कल्पना देखो
पलको पे रह गए तो बस सुबकती हकीकत है
वक्त के बदलते बहाव मे
कुछ इस तरह बह गए
की भीगे रेत पर रह गये
बाकी कदमो के निशा नगन
रेन्गती हुयी काया
बंधी हुई जंजीरो मे
बढ रही है प्रतिकूल भाव से
लिए अन्याय के बोझ का
कंधो पर सफेद अर्थी लिए

बंजारा मेरा मन

बंजारे सा मेरा मन

भागता फिरे अनजाना बन

सपने हजारों आखों में समाए

बुने हर पल ताना बाना जुलाहा बन

चकरी लिए पग में पहन

डोलता फिरे एकाकी लिए मन

आस लगाए टूटते तारो के

ख्वाब सजाए सच्चे वादों के

लडते रहे जीवन पर्यन्त

गुम होते बचपन के साथी

खेलते जैसे दिया और बाती

ओझल हो गये अतीत के गलियारों में फिर से

बन बैठे जटिल अबूझ पहेली

बेगाने से लगे वे मोहक सूरत

जब से बिछा बैठे बिसाते शतरंज

*हालात के निशाने पर रही मेरी उम्मीदें अब ना हालात रहें और
उम्मीदें भी चीक चीक निढाल हो गई*

फुर्सत के पल

वो फुरसत के पल अब कहाँ मिलते हैं

जब चैन से सोने के दो पल मिलते हैं

चंद ख्वाईशोअं को पाने के लिए दिन भर

जिन्दगी से जूझना पडता है

कभी हँस कर जीना तो कभी

रो रो मरना पडता है

रात के अंधेरो में याद कर

सीने में उठती है हूक सी

जब याद आते हैं पल वो

इतराती सी फिरती थी

आंगन में पिता की कभी

पग में बान्ध नुपुर के रुनझुन सी

बरबस ही निकल आते हैं

अश्रू किनारों से

महसूस होती है अट्टा स

करती हंसी को

तब्दील होते सिसकियों में

था नहीं मोबाइल और इंटरनेट का जमाना

फिर भी एक दूसरे से कोई

था नहीं अनजाना

हर रिश्ते में मिठास थी

दिल में ना मैल

मन में ना खटास थी

परवाह ना थी

आने वाले तूफानों की

अब तो नीन्द में भी डरते हैं

ठोकर लगकर गिर जाने की

खिलखिलाते थे जब अल्हड कुमारी सी

बंद रहते हैं अधर अब मूक बन दर्शक सी

जन्मदिन का जो करते थे

बेसब्री से इंतजार

गुजर जाते हैं बेरंग से

अब दिन वे भी कुछ खास

वो फुरसत के पल अब कहाँ मिलते हैं

जब चैन से सोने के दो पल मिलते हैं

फगुआ

रंग दे पिया मोहे अपने रंग में
हरे नीले पीले प्यार के संग में
लगा के अंग मोहे आज सजन तू
भिगो दें तन कर सराबोर तू
फगुआ की मस्ती लिए मन में
आओ खेले डूबे होली के रंग में
भुला के सारे गिले शिकवे सारे
खो जाए हम एक दूजे में
भर के आलिंगन में अपने
कंचन कर दे काया तन के
देकर नफरत की आहूति
आओ सी चे खेती प्रणय की
आओ सी चे खेती प्रणय की

मैं कौन हूं

जिर्ण शीर्ण भग्नावशेष का मैं शुन्यचिरविराम हूं तमस के गर्भ में पला मैं भोर सूक्ष्मा अवतार हूं

मैं हार हूं कुंठा हूं मैं

विकल चित्त साकार हूं

मैं ही सकल नवचेतना

गांडीव की टंकार हूं

मैं बांध हूं निर्झर भी मैं

बहता सलिल हुंकार हूं धूमिल पड़े इतिहास का मैं साक्ष्य पारावार हूं

मैं मौन हूं चित्कार मैं

सृजन का मैं आधार हूं प्रसव कि मैं हूं वेदना मज्जा रुधिर प्रवाह हूं

कलम की नोक पे सजे तलवार की वो धार हूं उपकार तेरे दर्प का स्वयं का व्योम विस्तार हूं

मैं कृष्ण की चेतावनी श्रीराम का ललकार हूं

सीता के त्याग में गढ़े मैं द्रौपदी का श्राप हूं

मैं द्रौपदी का श्राप हूं।।

इस रंगमंच पे हकीकत के लिबास में छुपे कुछ फिल्मी किरदार हम भी जीते हैं बस फर्क ये हैं एक्शन और कट उस रूहानी ताकत के मंसूबे पर निर्भर करते हैं

ऐ ज़िंदगी तू आसान नहीं

वक्त सबको मिलता है जिंदगी बदलने के लिए पर जिंदगी दोबारा नहीं मिलती वक्त बदलने के लिये

ऐ जिंदगी तू आसान नहीं

जीने को जी भर तुझे थोड़ा रोज़ मरना पड़ता है हकीकत का कब्रिस्तान देखो कैसे ख्वाबों के गुलिस्तान में सर सब्ज़ होता है

खूबसूरत तेरे चेहरे में छुपे काले करतूतों की कोई मिसाल नहीं

ऐ जिंदगी तू आसान नहीं

सफर के इस चिलचिलाती धूप में अजब शोर शराबा है जिम्मेदारियों के बोझ तले दबे इंसान ने सदा मौत को ही सराहा है जीवन मृत्यु के इस खेल में जिंदा रहना परिहास नहीं

ऐ जिंदगी तू आसान नहीं

हर मोड़ पे तू नया खेल दिखलाता है बदलते वक्त के साथ तू ताल से ताल मिलाता है तेरे बदलते इस मिजाज़ का कोई जवाब नहीं

ऐ जिंदगी तू आसान नहीं तू आसान नहीं ।।

अवसाद

अवसाद है संघर्ष का
प्रयास सब व्यर्थ है
निज बोध में दबा रहा
प्रताड़ना अनंत है
संताप है विलाप है
विफल यह स्व प्रयास है
उड़ान के प्रवाह में अथक पड़ा विराम है
नितांत चित् भटक रहा
विहग विह्वल लाचार है
अपार शून्यता भरा
विषय यह निर्विवाद है।।
विषय यह निर्विवाद है।।

ये कैसी विवशता

छाया आडंबर का कोहरा पड़ा स्मृति पटल पर स्वार्थ का कड़ा पहरा

विचलित सा मनो वेग है रक्त के प्रवाह में बढ़ता प्रबल दंभ का बेल है

निज कुकर्म छुपाता है महत्वाकांक्षा से भरा ये स्वमन मानव से दानव जाने कब बन जाता है

हुआ सुचिता लुप्त प्राय अंतर्मन बना कुटिलता का अभिप्राय

चेहरों पर मंद मुस्कान है पर दिल में भरा गहरा अवसाद है

भीतर के अभिमान ने तोड़ा जाने कितनों का स्वाभिमान है

बदलता ये परिवेश है लोलुप मन मोहरा बना कोहरे का इस कदर बढ़ता तेज है

नैसर्गिकता हुआ लोप हुआ आडंबर का उद्घोष स्वार्थ सिद्धि के अंधे दौड़ में चला गया बेचारा मनोभावना पुरज़ोर ।।

लहरों की ख़िलाफ़त तो उन हवाओं से थी जिसने कश्ती का रुख मोड़ कर उसे बग़ावती करार दे दिया

क्वाट्सएप वाले चाटू खोर

चाटूखोरों की भी अपनी प्रजाति होती है जैसे रिश्तेदारों की अलग दोस्तों की अलग वगैरा-वगैरा इन सब से अलग एक दूसरे तरह के चाटुकार होते हैं जो या तो व्हाट्सएप ग्रुप के जन्मदाता या बहुत ही आम से दिखने वाले अपनी करनी के बेहद खास होते हैं इनका काम नहीं होता बिल्कुल आसां क्योंकि इन्हें करना होता है सुबह से ही अपने आका की पोस्ट के आने का इंतजार जी हां इनके आका जिनसे शायद दूर दूर तक नहीं होता इनका कोई नाता फिर भी बड़ी ईमानदारी से यह दुनियादारी निभाते हैं और चाटुखोर की लिस्ट में अपना नाम पहले पायदान पर दर्ज कराते हैं इन्हें तो बस अपना मतलब साधना आता है अपने आका के प्रति पल-पल उमड़ता प्यार तो बस एक ऊपरी दिखावा है दिखने में यह बेहद कूल टाइप होते है और ग्रुप के अन्य सदस्य तो इनके लिए जैसे बस एक गोभी के फूल होते हैं कुछ खास मौकों पर तो मानो इनके पर निकल आते हैं और आइकॉन से लेकर समूचे ग्रुप पर इनके आका ही आका बस छा जाते हैं ऐसा नहीं कि किसी और की ग्रुप में इनको परवाह नहीं इसलिए तो बीच-बीच में शायद ये अपना करम औरों पर भी थोड़ा फ़रमा देते हैं और बड़ी ठंडी गर्म जोश औपचारिकता के साथ उनके पोस्ट पर भी अपनी चाहत या फिर यूं कहें कि अपनी लाइक्स का मुहर लगा देते हैं । कबीर के दोहे को आधुनिक शब्दों में कुछ यूं कहूं तो:

कहे कबीर सुनो भाई साधो भाई बात बड़ी गंभीर व्हाट्सएप की रीत में उबजी कुकुरमुत्ते सी चाटूखोरों कि भीड़।।

औकात

औकात की बात करते हो चुटकी में पंचतत्व में विलीन फकत हाड़ मास के इस शरीर पर गुमान करते हो

कितना फर्क है जीने और मरने में बूंदी के लड्डू तो फिर भी बंटते हैं मना जन्मोत्सव या लगे हो मौत के सदमे

बचपन में जिसे कंधे पर घुमाया उसी औलाद ने अंतिम क्षण मुख में आग लगाया

सच है औकात वो सर का ताज है जो हर माथे पर नहीं सजती

चंदन लकड़ी के राख धुएं में खुशबूदार अगरबत्ती भी फिर कहां महकती

पुतला बन डोल रहा मानव हुई जिंदगी बेज़ार

तनातनी के इस माहौल में घुट रहा जीवन हुआ लाचार

समझ ना आया अकस्मात हुआ कब अंतिम संस्कार

ना कदमों के निशां रहें ना रहें एहसास उन सांसों की

क्या इसी औकात को पाने को इंसान छटपटा रहा कर रहा साजिश एक दूसरे को गिराने की??

परिवर्तन

वाबस्ता चलता जाता है हमराह बन सफर का फिर इतिहास बन जाता है

कुछ खोने का कोई शोक नहीं लांघ आया जिन सीमाओं को उन बातों का कोई मोल नहीं

अधरों पर मुस्कान लिए बावरा सा मन धुनी रामाता है

परिवर्तन के हाला में डूब खुद मधुशाला बन जाता है

किसी ने क्या खूब कहा है मन का हो तो अच्छा मन का ना हो तो और भी अच्छा

फिर क्यों टूटे उन तारों पर अंबर अपने ख्वाब सजाता है क्या इतिहास भी कभी खुद को दोहराता है ?

अंदाज़ बिना आगाज़ लिए हौसलों की परवाज़ लिए सागर की निखिल तरंगे ऊंचे छलांग लगाता है

क्या गतिशील यह उची लहरें हमें परिवर्तन का बोध करवाता है?

गीली मिट्टी के चाक तले घट नवजीवन पा जाता है फिर क्यों उसी मिट्टी के नीचे दबे इंसान कंकाल बन जाता है?

रहस्यमई इस जीवन की यह बात बड़ी निराली है यह सच है आदमी की भूख ने परिवर्तन की परिभाषा ही बदल डाली है

परिवर्तन की परिभाषा ही बदल डाली है।।

निकले थे राह में खुशियों की तलाश में भटक रहे हैं आज तक दो पल सुकून पाने की आस में

सीख

घने कोहरे थे छठ गए फिर क्या जिंदगी के मायने ही कुछ बदल गए

देखा है सूरज की हठी किरणें जब क्षितिज पर छाती है

लगता है जैसे मरुभूमि में मृगतृष्णा की बहार आती है

राह में रोड़े मंजिल पर पहुंचने की जद्दोजहद माना अभी जारी है

पर सच्चाई को बंद आंखों से भी देखो तो जिंदगी पर भारी अभी भी मौत हमारी है

सच है गूंगे गूंगे बहरो की बस्ती में आवाज की कोई औकात नहीं पर क्या गंगोत्री की पतली धारा विशाल उस गंगा की पहचान नहीं

क्यों शाम की परछाई खिलते चेहरों को सहलाती है मरघट की खामोशी तले हर काया चलती फिरती बस एक लाश नजर आती है

चराग तले अंधेरा फिर भी रोशन हुआ जहान है वैसे ही शब्दों के कतरनो पर बैठ हमने भी हौसलों की ऊंची उड़ी उड़ान है।।

अहंकारी

परवाह नहीं मुझको सुलगते तुम्हारे व्यवहार के, की अंजाना नहीं अब मैं भी तुम्हारे इस झूठे अहंकार से बेफिक्र हो तुम बदलते हालात से मद में चूर दिन रात बेखबर समय की मार से

जुबा पे जरा भी लगाम नहीं ना व्यवहार में आचार किस बात का गुमान है तुम्हें जो इस कदर इतराते हो

खुद के खोखले विचारों के कसौटी पर तुम मुझको आज़माते हो रह जाओगे कोरे ख्वाब लिए अपना परचम फहराने का कि उन राहों की ज़रा भी बिसात नहीं

मुरम बिछि हो जिस पर झूठ और छलावे का ,अभिमान है स्वाभिमान कहां इरादे तुम्हारे हैं साफ कहां रिश्तो में दरार गैरों को बड़े प्यार से अपनाते हो

सच है ऊंचाइयों पे खड़े होकर भी तुम कितने छोटे नजर आते हो समय की धीमी सिसकियों पर तनिक तुम विचार सको तो वक्त रहते अपने अहंकार रूपी वृक्ष को जड़ से तुम उखाड़ लो

अपने अहंकार रूपी वृक्ष को जड़ से तुम उखाड़ लो।।

एक अनार सौ बिमार

एक अनार सौ बीमार फायदे का सौदा चखने से भला कौन करे इंकार? मैंने पूछा अमा ऐसा क्या है इस अनार में तो भीड़ को चीरती सरसराती एक आवाज आई भाई यह तो है हम सब पर भारी यह अनार आम नहीं है कुछ खास है क्या पता इसको पाकर हमारा भी हो जाए बेड़ा पार?

द्वंद इस बात की नहीं कि अनार में कितनी मिठास है क्योंकि उसका असली हकदार तो कोई और है जो लट्ठ लेकर दावेदारी लिए पहले से तैयार है फिर क्या तू तू मैं मैं हुई छिड़ा वाक्य युद्ध और अनार को अपने कब्जे में करने के लिए सब ने बजाई रणभूमि में अपनी-अपनी बिगुल

राग द्वेष की बर्छि से हुआ कुठाराघात स्वार्थ सिद्धि की होड़ में चहुंओर मचा बवाल मन ही मन शरमा गया अनार को खुद पर आया हल्का सा गुमान क्या सच में मैं इतना खास हूं जो सौ लोग आज हुए मेरे लिए बीमार? मतलबी इस दौर में अंधाधुंध भागते एक अनार के पीछे सौ बीमार यह नजारा देख दुखी मन मेरा आज हुआ देखो पशेमान ।।

लफ़्ज़ों को संभाल कर रखना जो टूट कर बिखर गएं तो वक्त भी उसे जोड़ ना पाएगा

हमराह थे जो हमराज़ बन गए हमराह थे जो हमराज़ बन गए जाने किस मोड़ पर यह सोई किस्मत संवर गए

वो भी क्या दिन थे

क्या कहूं वो भी क्या दिन थे

बटुए में मात्र दस रुपए पर मस्त मौला से हम थे

ऐसा नहीं कि तकदीर से तब अपनी कोई लड़ाई नहीं थी

पर जीने का असली मज़ा तो दोस्तों के साथ पांच रुपए के चने और दो रुपए की कुल्लड़ वाली चाय पीकर ही मिल जाती थी

सुबह अचानक अलार्म बजा तो समझ आया की आज की सच्चाई तो बस यही है

कल रात जो सपने में देखा वो तो बीते पल की धुंधली सी परछाई है

अगले ही पल हम घसीट रहे थे खुद को मॉर्निंग वॉक पर बोझिल मन से

और बरबस ही मुस्कुरा उठे यह सोच कि कैसे कट जाते थे दोस्तों के साथ घंटों के फासले भी चंद मिनटों में हंसते-हंसते

वक्त वक्त की बात है आज चेहरे वही पुराने हैं

पर सोच में बदलाव है

तब छोटे से थैले की चार खोंचे में रखी चटपटे गोलगप्पों का स्वाद बर्फ से बनी रंग-बिरंगे आइसक्रीम की बहार

और हां खचाखच भरे नॉन एसी वाले रेस्टोरेंट में खाए डोसे और भाजी पाव अब अनहाइजीनिक लगते हैं

पर सच कहूं तो उन्ही दोस्तों के बिना आज पिज़्ज़ा और बर्गर भी कहां अच्छे लगते हैं

माना कि आज हम सबों ने अपनी अपनी मंजिल पाई है

पर यह भी सच है कि हमने उन खिलखिलाते चेहरों पर मुस्कुराहट
की एक नकाब लगाई है

फर्श से अर्श तक पहुंचने के रास्ते माना थोड़े तंग थे

सच है वह भी क्या दिन थे जब मस्त मौला से हम थे

जब मस्त मौला से हम थ ।।

एक प्याली चाय

एक चाय की प्याली संग ले आई वह साथ पुरानी मंज़र कुछ धुंधली सही पर गर्माहट अभी भी बाकी है

जैसे फीकी चाय में घुलति सफेद पतली धार दूधियारी है

वक्त के हालात ऐसा नहीं तब कुछ और थे पर तब शायद रिश्तों के बाज़ार में मिठास के नाम पर नकली स्वाद लिए शुगर फ्री बिकते नहीं खुलेआम थे

माना के जीने के तरीके कुछ बदल रहे हैं नेस्कैफे और कैप्पुचीनो लोगों के जुंबा पर सर चढ़ अब बोल रहे

पर चाय में उठते धुएं ने इस बात की दी गवाही है की नम आंखों से आज हमने जज्बातों को दी अंतिम विदाई है

शिकवा नहीं तन्हाइयों में जो खुद को अकेला पाते हैं

कि हम चाय की चचुस्कियों में यादों के इडियट बॉक्स को एक बार फिर से खंगालते हैं

चाय के दो घूंट से हमने यह शाम सजाई है

या फिर यूं कहो कि गूंगे लफ्ज़ों की यादों के पन्नों के साथ एक छोटी सी मुलाकात कराई है

एक छोटी सी मुलाकात कराई है।।

किरदार

कोरे लिबास से किसी के किरदार को तू नजरअंदाज ना कर

अनुभव कहता है कि चाशनी में डूबे लहरदार शब्दों का तू एतबार ना कर

हिजाब में ही खिलता है मर्यादा का चांद बेनकाब कर तू उसे बाजार मे यू सरेआम ना कर

तकदीरें बदल देती है बदलती तारीखें   हथेलियों पर खींची आड़ी तेड़ी कुछ एक लकीरों पर आज तू इतना गुमान ना कर

पड़े हैं लोग तुझे नीचे और नीचे गिराने को गिरने से पहले जो थाम ले लाजवाब उन हाथों का तू इंतजार ना कर

थके इन पलकों के तले मुस्कुराते हैं अजनबी कुछ ख्वाब आज भी

अधमरी उन ख्वाबों को जिंदा दफनाने की झूठी इकरार ना कर

तमन्नाओं के इस दौड़ में उलझी उलझी सी है जिंदगी उलझे उन एहसासों को सुलझाने की नाकाम फ़रियाद ना कर

गुब्बारे से उड़ने को मचलती है यह दिल मनचली बंद कर मन के तहखाने में तू इसे कैद करने की गुनाह ना कर

कोरे लिबास से किसी के किरदार को तू नजरअंदाज ना कर ।।

या खुदा मुझे उस शख्स का पता दे या खुदा मुझे उस शख्स का पता दे जो आज मुझको मुझसे मिला दे

मैं शब्द हूं

मैं शब्द हूं हां मैं शब्द हूं

मैं ही ओंकार

मैं ही आकार निराकार भी मैं

मैं तेरा अभिसार

या जुबां के तर्कश से निकले विषैले तीर का वार हूं मैं

निरंतर बनते सृष्टि के परावर आधार हूं मैं

मैं ही लेखनी में बद्ध निरीह लाचार हूं मैं

अर्जुन के गांडीव पर सवार स्वर्णिम युग का हुंकार हूं मैं

मैं ही द्रौपदी की गाथा

उद्योगों में उलझा व्यथा का उद्धार हूं मैं

हां लघु गाथाओं से सजी जैसे मोतियों का हार हूं मैं

मैं ही आस्था ललकार हूं मैं

कल्पना के वन में भटकते विचारों का जैसे विस्तार हूं मैं

मैं ही मौन

शून्यता को चीर मैं शब्द

निर्झर बहता जैसे पानी का धार हूं मैं।।

हम घने साए

हम घने साए हैं किरदारों में कैद विचारों के उन्मुक्त सरिता में डूबे हाथ पैर मारते किसी बेनूर नूर की भांति वक्त के बेबसी को ताकती घायल पंछी पर कटे छिछले आकाश में उड़ते अधर में लटके हम घने साए हैं

जीर्ण शीर्ण रिवाजों में दबे संस्कारों की भेंट चढ़े किसी गेंद की भांति उछल निरंतर आवेग से लुढ़कते कभी इधर कभी चटकीले चादर पर फैले पैबंद पुराने हैं हम घने साए हैं

समय से पहले टूट ज़मीन पर गिर ओझल होते टिमटिमाते तारे हैं गरम लावे पिघले समुद्र के गर्त में जा समा सीपी में बंद मोती जैसे तरस रहे जैसे नरम उजाला आजादी के दहलीज पर खड़े आजादी को आज भी तरसते हम घने साए हैं।।

तू मेरे साथ है

तू साथ नहीं तो क्या तेरी याद हर पल मेरे पास है बहुत छोटा रहा हमारा सुहाना यह सफर रहा फिर भी यादगार है

तू साथ नहीं तो क्या तेरी याद हर पल मेरे पास है

क्या जगह है ये कैसा ये मकाम है सूखा पड़ा पुराना तेरा ये शहर बस अपना ही घर डूबा बरसात में

तू साथ नहीं तो क्या तेरी याद हर पल मेरे पास है

माना इस रात की होगी अब सुबह नहीं मकसद जीने का तो होगा पर वजह नहीं

बिना तेरे सांस लेने का अपना धर्म निभाएंगे तू हर पल मेरे साथ है मीठे भरे इस अहसास से तेरे साथ जीवन के अंतिम पड़ाव तक यूं ही बढ़ते जाएंगे

तू साथ नहीं तो क्या तेरी याद हर पल मेरे पास है

नियति के आगे चलता अपना ज़ोर नहीं चुपचाप चले जाना शायद तेरी मजबूरी रोकर रुक पीछे छूट जाना उसमें ऊपर वाले की थी मंजूरी मजबूरी मंजूरी को फिर से सात फेरों की प्रथा में एक साथ दोहराएंगे तू साथ नहीं तो क्या तेरी याद हर पल मेरे पास है मीठे भरे इस अहसास से तेरे साथ जीवन के अंतिम पड़ाव तक यूं ही बढ़ते जाएंगे

यूं ही बढ़ते जाएंगे ।।

क्षमा

क्षमा सृजन है क्षमा विधाता क्षमा शक्ति संचार है

क्षमा रघुवर की अद्भुत गाथा भ्राता भरत मिलाप है

क्षमा मनोबल त्रेता युग का ज्ञान गुढ़ संवाद है

क्षमा मौन है सरल हृदय का कल कल बहता सार है

क्षमा विनय है क्षमा अनुकंपा युधिष्ठिर अभिप्राय है

क्षमा है पौरुष क्षमा शील है

वैदेही उपकार है

क्षमा बोध है क्षमा शोध है मानवता का श्रृंगार है

क्षमा दान है दया क्षमा है उल्कंठित व्याकुल इस चित्त का

क्षमा गहन उपचार है

क्षमा गहन उपचार है।।

कहूं क्या जुबां से अपनी कहूं क्या जुबां से अपनी जब अल्फ़ाज़ हीं कम पड़ गए